Heinz Grill

Die Milchsäure und ihre Bedeutung für die Gesundheit

Mit einem Beitrag von Monika Lepold

Bibliografische Information der Deutschen Bibliothek
Die Deutsche Bibliothek verzeichnet diese Publikation in der deutschen Nationalbibliografie; detaillierte bibliografische Daten sind im Internet über *http://dnb.ddb.de* abrufbar.

Stephan Wunderlich Verlag
Gorheimer Straße 16
D-72488 Sigmaringen
Tel.: +49 (0) 7571 / 6870261
Fax: +49 (0) 3222 / 6268144
e-mail: info@stw-verlag.com
Internet: www.stw-verlag.com

ISBN 978-3-9817200-1-3

Umschlagbild: Monika Lepold
Fotos: Monika Lepold
Zeichnung S. 19: aus dem Buch „Die Signaturen der Planeten und die seelisch-geistige Entwicklung in der Pädagogik", Lammers-Koll-Verlag
Gestaltung/Satz: Rosa Michlbauer, Albert Wimmer
Druck: Flyeralarm

Heinz Grill

Die Milchsäure und ihre Bedeutung für die Gesundheit

Vortrag vom März 2015
in Bologna, Italien

Monika Lepold

Die Wirkung der Milchsäure auf den Menschen

Joghurt und Sauermilchprodukte, wie z. B. Buttermilch verlebendigen durch die Milchsäure den gesamten Organismus. Sie sind belebende und erfrischende Substanzen, die das Verdauungssystem regelrecht erhellen.

Heinz Grill

Die Milchsäure und ihre Bedeutung für die Gesundheit

Beim letzten Zusammentreffen in Bologna konnte das Thema über die Kieselsäure oder den Quarz in ein erstes Licht der Betrachtung gelangen. Dieses Thema war sehr interessant, da es den sogenannten menschlichen Lichtstoffwechsel betrifft. Lichtstoffwechsel ist ein Wort, das in der allgemeinen Medizin nicht existiert. Es will ein metaphysisches, ein nicht ganz leicht kalkulierbares feinstoffliches Wirken, das aber dennoch im menschlichen Organismus stattfindet, skizzieren. Indem heute[1] das Thema über die Milchsäure hinzukommt, ergänzt sich dieser bisher skizzierte Lichtstoffwechsel noch einmal in einigen wesentlichen Aspekten. Dennoch kann in der Kürze der Zeit nur ein kleines Fragment des wirklichen komplizierten Stoffwechselgeschehens, das im menschlichen Organismus jede Minute stattfindet, beschrieben werden. Auf der rein körperlichen Ebene kann jedoch das Wirken, das im menschlichen Verdauungssystem besteht, nicht vollständig zum Verständnis gelangen. Wie und in welcher Art ein kosmischer Einfluss in dieses Verdauungssystem hineintritt, kann in diesen ersten Ausführungen eine kleine Skizze erhalten.

Die Kieselsäure, die den Lichtstoffwechsel aktiviert und die Milchsäure, die im inneren menschlichen Organismus eine bedeutsame Rolle einnimmt, gehören in einem gewissen Sinne nahe zusammen. Beide Stoffe, trotz ihrer großen chemischen Unterschiedlichkeit, besitzen eine Affinität oder zumindestens eine Art Beziehung zueinander. Diese Beziehung kann auf den ersten Blick vielleicht dahingehend verstanden werden, dass die Milchsäure und die verschiedenen Milchsäurebakterien ein sehr günstiges und gesundes Milieu im Intestinum vorbereiten. Dieses günstige Milieu wirkt auf den ganzen Menschen gesundheitsfördernd und kann ihm eine, wie es der Gesundheit entspricht, schöne lichtvolle Ausstrahlung geben. Fehlt auf der anderen Seite dieses gesunde Niveau im unteren Bauchbereich, dort wo die Verdauung sich mit einem intensiven Aufbauprozess befindet, so bilden sich die verschiedensten Fäulniserreger und

1) II. Convegno Cereali in Bologna

verdunkeln in einer gewissen Weise den gesamten Organismus. Die Krankheit ist eine häufige Erscheinung eines bestehenden ungünstigen Niveaus in der Dünndarmflora. Durch diesen Zusammenhang lässt sich bereits erstmals erkennen, dass ein Zusammenhang zwischen der menschlichen Ausstrahlung, die normalerweise hell und kristallklar, das heißt kieselfreudig sein sollte, und dem innersten Verdauungsniveau, das gesund, kräftig und von einem ausgeglichenen und nicht zu sauren oder gar toxikologischen Niveau getragen sein darf, besteht. Die Milchsäure, obwohl als Säure bestehend, bewirkt im gesamten Organismus nicht unbedingt ein saures Niveau, sondern wirkt im Allgemeinen sehr ausgleichend und antibakterizid.

Allgemein findet sich Milchsäure beispielsweise in einem Sauerteigbrot oder auch in einem fermentierten Brot. In einem Brot, das mit Hefe gebacken wurde, fehlt diese so wesentliche Substanz. Sauerkraut, wenn es nicht in Essig eingelegt ist, sondern in Milchsäure vergoren konserviert wird, trägt ebenfalls einen hohen Gehalt an Milchsäurebakterien in den Organismus. Schließlich sind es die Milchsäureprodukte wie Buttermilch, Joghurt oder Sauermilch, die einen sehr lebendigen Effekt auf das allgemeine Milieu in der Darmflora des Menschen ausüben. Sie sind reichhaltig an lebendigen Milchsäurebakterien. Auch im Osten, im Orient gibt es Milchsauerprodukte, davon bekannt geworden ist das sogenannte Miso, ein über ein- bis zwei Jahre vergorenes Sojaprodukt.

Sauerteigbrot

Wie verhält sich die Milchsäure nun in den verschiedenen Zubereitungen des Brotes? Auf den ersten Blick könnte der Betrachter vermuten, dass es nach dem Backvorgang keine lebendigen Bakterien im Brot gibt und infolgedessen es einerlei sei, ob nun ein Brot mit Hefe oder mit einem Ferment, mit Sauerteig oder allgemein sogar direkt mit Sauermilchzusatz gebacken ist. Der Sauerteig beruht im Wesentlichen auf einem Gärungsvorgang durch Milchsäure. Cirka 70 – 80 % der Milchsäure bezogen auf die gesamte gebildete Säure und noch mehr als dieser Sauerteig bereiten diese Milchsäureprozesse in einem fermentierten Brot oder auch in einem so genannten Honigsalz-Brot vor. Der Milchsäuregehalt im Honig-Salz-Brot besitzt etwa einen Anteil von 95 % bezogen auf die gesamte gebildete organische Säure. Hefen, obwohl sie anfallen, treten in ihrer Bedeutung zurück, denn in einer reifen Fermentierung werden sie in letzter Konsequenz fast ganz überwunden. Durch die Bakterien, die in der Milchsäurereifung leben, werden die verschiedenen Prozesse, die schließlich zum Ausdehnen und zur neuen Formgebung des Brotes führen, bewirkt. Jedoch ist der Backvorgang auf zu mindestens 200 °C ausgerichtet und in diesem ersterben schließlich alle lebendigen Substanzen, das heißt, es ersterben auch die Bakterien, die für die Gärung verantwortlich sind. Nur das Resultat der Milchsäure, das heißt das verwandelte Kohlenhydrat, das die Milchsäure für sich und ihren Aufbau verwendet hat, bleibt zurück. Die Hefe, die heute in den Bäckereien die meiste Verwendung findet, nützt für ihren Aufbauprozess ebenfalls Kohlenhydrate, sie wandelt diese aerob in Kohlendioxid und Wasser und anaerob in Alkohol um. Nach dem Backvorgang erstirbt dieser bestehende Alkohol und es bleibt schließlich das Resultat von Einfachzucker übrig. Sowohl das Fermentbrot als auch das Hefebrot besitzen die Gärungsprozesse nicht mehr. Sie sind in ihrer Form für sich abgeschlossen und es bleiben nur noch die Ergebnisse der vorher gegangenen Prozesse übrig. Man könnte deshalb vermuten, dass es einerlei sei, ob nun ein Brot mit Hefe oder mit Sauerteig, mit Ferment oder mit Honig-Salz hergestellt wurde.

Bei genauerer Betrachtung lässt sich ein sehr wesentlicher Unterschied in der Art der zurückgebliebenen Substanz erkennen. Vielleicht könnten manche Analysen, die spezifisch ausgerichtet sind, diese Substanz in ihren Unterschieden sorgfältig beschreiben. Die wesentliche Betrachtung, die dieser Folgerung zugrunde liegt, entstand aus einer mehr metaphysischen Beobachtung. Wer ein milchsäurevergorenes Brot, also ein Fermentbrot, ein Honig-Salz-Brot oder Sauerteigbrot ohne Zusatz von Hefe betrachtet, bemerkt einen ganz wesentlichen Unterschied zum modernen Hefebrot. Es würde sich dieser Unterschied nahezu wie konträr zwischen zwei völlig verschiedenen Welten beschreiben lassen.

Honig-Salz-Brot

Die sogenannten Ätherkräfte, die eine Art inneres Energievermögen, das in der Substanz weiterlebt, beschreiben, geben einen ganz wichtigen Aufschluss über das gegebene Brot und seine Qualität. Während beispielsweise mit dem Lichtstoffwechsel, das heißt mit der Fähigkeit wie jemand aus seinem Organismus Licht produzieren kann, die Kieselsäure in einer nahen Verbindung steht, so steht mit der Milchsäure der sogenannte chemische Äther, der in einer Art inneren Bewegung in der Substanz, in der sogenannten lebendigen Substanz, die er auch lebendig und im Flusse hält, in einer Bewegung von Auf- und Abbau, von Anhebung und Absenkung, in Verbindung. Dieser chemische Äther ist vielfach für ein gesundes Milieu im Körper verantwortlich.

Milchsäure zieht zusammen,
sowohl beim Joghurt als auch beim Brot.
Dort ist der andere Prozess ebenfalls
in die Tiefe und in die Zusammen-
ziehung gerichtet.

Zu dieser Betrachtung der Ätherprozesse im menschlichen Leib wie auch im Nahrungsmittel, das der Mensch zu sich nimmt, lässt sich die Qualitätsfrage umfassender und genauer vorhersagen. Diese Qualitätsfrage ist nicht nur eine Angelegenheit der Substanzanalyse, sondern des Weiteren erfordert sie eine Erwägung, wie die sogenannten imponderablen Substanzen und das sind beispielsweise der Wärme- oder der Lichtgehalt, oder allgemein, wenn man den chemischen Äther im Brot berührt, der dynamisch bewegende, in verschiedene Richtungen gleitende Gehalt und schließlich auch der Lebensäther, der Kraft- oder zentrierende Anteil, der durch eine Art metaphysische Substanz im Nahrungsmittel besteht, angelegt sind. Natürlich sind die Qualität des Getreides, des Wassers und die verschiedenen umliegenden hygienischen und sogar psychischen Bedingungen des Menschen zu berücksichtigen.

Das gebackene Brot stellt eine Art erhöhtes Nahrungsmittel dar, denn das Getreide wird auf eine Stufe der Form und des Durchgestaltet-Seins hinauf veredelt. Zu dieser Veredelung des Getreides ist der Gärungsprozess von besonderer Bedeutung. Geschieht die Verwandlung beispielsweise von Kohlenhydraten in Alkohol, so zerstört sich ein relativ hoher Anteil an günstigen Ätherkräften. Entsteht aber der ganze Transformationsprozess des Getreides durch eine solide Milchsäuregärung, können sich die Kohlenhydrate auf eine höhere und vor allem dynamische Stufe veredeln und es kann im weiteren Verlauf sogar der gesamte Eiweißstoffwechsel in seiner komplizierten

Verdauung erleichtert werden. Dieser Eiweißstoffwechsel ist einer der innersten und geheimnisvollsten Vorgänge, der im Menschen die Ankergründe des Individuellen beschreibt.

Ein Brot bleibt deshalb selbst nach dem Backvorgang, der die Substanz, die lebendige Substanz tötet, noch immer ein sehr erhabenes und dynamisches Nahrungsmittel. Es kann sogar gesagt werden, dass das Brot das Urbild des Lebens selbst verkörpert. Durchgestaltung und Form spiegeln sich in diesem wider. Zu der Betrachtung der Ätherkräfte, die in einem Nahrungsmittel und speziell im Brote vorhanden sind, ist es wichtig einen Begriff einzuführen, der mit Komplementärkraft oder, im Italienschen, mit *complementarità* bezeichnet werden kann. Alle Ätherkräfte arbeiten nach einem Prinzip der Bewegung, das sich gegenseitig bedingt und ergänzt. Als Beispiel kann eine kleine Figur zur Darstellung des so genannten Feuer- oder Wärmeäthers an die Tafel gebracht werden. Es ist ein Kreis mit einem darin liegenden Tetraeder. Dieser Tetraeder zeigt durch seine entsprechende innere Struktur eine Tiefenwirkung an. Der Kreis, der diesen Tetraeder umgibt, äußert eine Art Weite oder ein Umfeld. Es kann auch gesagt werden: Der Kreis soll in etwa den Kosmos bezeichnen, der Mittelpunkt hingegen oder das Zentrum, die Erdenmitte oder allgemein materielle Mitte. Tiefe auf der einen Seite und Umkreisbewegung auf der anderen Seite kennzeichnen den so genannten Feuer- oder Wärmeäther. Beide – Tiefe und Umkreisbildung – sind, wenn die Betrachtung nur materiell erfolgt, Gegensätze. Im sogenannten Ätherleib sind sie aber nicht mehr Gegensätze, sondern ergänzen sich

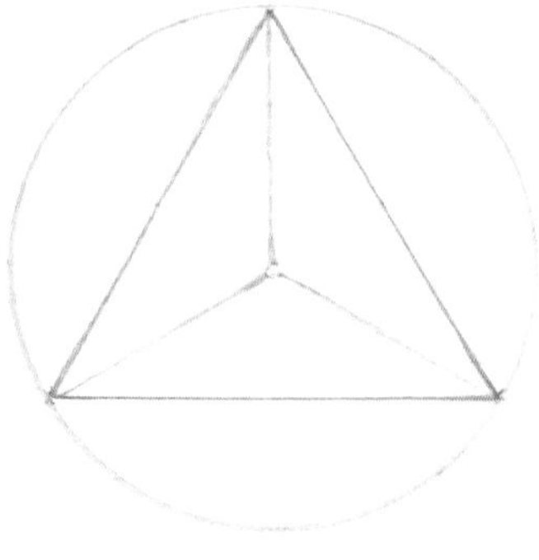

gegenseitig. Es darf deshalb gesagt werden: Im Ätherleib herrschen jene Gesetze, die sich mit der Materie in einem gewissen Sinne widersprechen. Je tiefer beispielsweise eine Substanz in die Materie eindringt, und das ist der Fall bei der Wirkung der Milchsäurebakterien – sie können in die Substanz hineindringen –, desto mehr erfolgt auf der anderen Seite eine Ausstrahlung in den Umkreis. Der Kreis weitet sich gewissermaßen im Sinne des Ätherleibes mit der zunehmenden Tiefenwirkung. Auf der anderen Seite darf auch gesagt werden: Je mehr eine gute Umkreiswirkung, das heißt ein schöner weiter Kreis besteht, desto mehr kann auf der anderen Seite diese Tiefenwirkung erfasst werden. Im Ätherleib besteht diese komplementäre Grundlage, die Ergänzung der sogenannten Gegensätze. Sie besteht im Ätherleib, sie besteht nicht in der bloßen Materie.

Die genauere Betrachtung des Hefebrotes ist sehr lehrreich, wenn sie im Sinne eines ersten Erfassens der Ätherkräfte erfolgt. Die Hefe durchdringt zu wenig die Getreidesubstanz und kann in diesem Sinne nicht mehr eine wirklich günstige Transformierung und deshalb zu wenig Umwandlung der Substanzen bewirken. Die Hefe bringt einen starken Gärprozess hervor, der sich in einer reichhaltigen Kohlendioxidbildung äußert. Der Teig levitiert, aber er levitiert nur ohne sich in die Tiefe zu verankern. Der Alkohol ist wie eine End- oder tote Substanz. Das sich freisetzende Kohledioxid wirft im Teig schnell Blasen und geht nach oben in die Ausdehnung und Höhe. Es fehlt diesem Teig tatsächlich eine wirkliche Grundlage, das Getreide wirkt im wahrsten Sinne des Wortes lediglich aufgebläht, es kann aber nicht in eine weitere Stufe der konkreten Veredelung geführt werden. Aus ätherischer Sicht fehlt die tatsächliche komplementäre Ergänzung. Die Kraft des Äthers kann sich in einem Hefebrot nicht ausreichend neu bilden. Es fehlt der wichtige zweite Pol. Neben der fehlenden Tiefenwirkung existiert auch keine wirkliche ausreichende Umkreisbildung. Betrachtet jemand das Hefebrot, so wird er im Vergleich zu einem günstigen Fermentbrot feststellen, dass diese Substanz des Getreides sich förmlich ohne wirkliche Formbildung entwickelt hat. Die eigentlichen günstigen Licht- und Wärmekräfte, die durch die Milchsäuregärung in das Brot neu hineinfinden, bleiben wie zurückgewiesen. Die Ätherkräfte evaporieren, verlieren sich förmlich in der Levitation. Obwohl dieser Verlust der Ätherkräfte sehr häufig durch die Qualität des Getreides entsteht, so ist dennoch aber anzumerken, dass die Art wie das Ferment durchgestaltend auf das Brot wirkt von nicht unnennbarer Bedeutung ist. Aus diesem Grunde kann keine wirkliche Transformierung durch die Verwendung der triebreichen Hefe gelingen.

Hefegärung

Auf die menschliche Gesundheit bezogen ist es sehr bedeutungsvoll, ob eine zugeführte Substanz auf eine anspruchsvolle noble Stufe erhöht wurde oder ob die Substanz, wie es bei der Hefe geschieht, in einem gewissen Sinne sogar von den kosmischen Umkreiskräften abschirmt. Obwohl durch das Essen des Brotes weder die Milchsäurebakterien in die Verdauung hineinfinden, noch der Alkohol, der beim Hefebrot anfällt, so entsteht dennoch mit dem Verdauungsvorgang eine ganz wesentliche innere Reaktion. Derjenige, der isst und schließlich im weiteren Verlauf verdaut, nimmt nicht nur die Substanz, das heißt das bloße Getreide auf, sondern er nimmt immer die imponderablen Substanzen wie Licht und Wärme, entsprechende koordinierte Stoffe und schließlich sogar die Tiefenwirkung, die in den Stoffen angelegt ist, auf. Er nimmt lebendig an der vorhergegangen Äthersphäre Anteil. Für das menschliche Immunsystem ist das ein ganz bedeutungsvoller Begegnungsschritt, denn dieses menschliche Immunsystem benötigt neben qualitativ hochwertigen Nahrungsmitteln eine unbedingte Voraussetzung von möglichst licht- und wärmeaktiven Substanzen. Was oder wie sind licht- und wärmeaktive Substanzen jedoch zu verstehen? Hier in diesem Kontext soll nicht von der physischen Wärme oder auch von dem äußeren physischen Licht gesprochen werden, denn es handelt sich nicht darum, ob jemand ein Brot angewärmt oder ein Brot kalt isst, sondern es handelt sich vielmehr darum, dass der Einzelne die metaphysische innere Seite des Lichtes und der Wärme mit dem Brot in seinem Stoffwechsel erschlüsseln kann. Das menschliche Verdauungssystem benötigt einerseits diese Substanz in ihrer grobstofflichen und des Weiteren auch in ihrer feinstofflichen Qualität, aber es benötigt auch das Immunsystem die Begegnung mit den Substanzen. Im Dünndarm befinden sich beispielsweise die größte Zahl von Lymphgefäßen, in diesem Bereich findet eine ständige Begegnung mit der Spezifizierung von Stoffen statt. Das Immunsystem möchte die möglichst besten Herausforderungen zu seinem Aufbau finden. Weder Überlastung noch einseitige Anforderungen durch die Substanz, oder auf der anderen Seite keine Anforderungen, sind für die Gesundheit empfehlenswert.

Diese Art gesunde Spannkraft, die im menschlichen Immunsystem angeregt werden soll, entsteht gerade durch die komplementäre Wirkung der Ätherkräfte. Indem ein Brot sich in seiner ätherischen Form nicht nur nach oben hin verströmt, sondern sich das Brot gewissermaßen in einem Zentrum infolge der durchgestaltenden Wirkung der Milchsäurebakterien verankert, entsprechend dem Wärmeäther eine Tiefenwirkung besitzt und auf der anderen Seite auch einen Aufbau in der Form und eine Ausstrahlung seines inneren Lichtgehaltes aufweist, führt es an das menschliche Verdauungssystem eine Art neue und sehr günstige Herausforderung heran. Es ist das Brot nicht nur Substanz, sondern es ist dieses Brot im wahrsten Sinne ein sehr sorgfältig bemessener Ausdruck oder Abdruck des Kosmischen. Wärme und Licht strömen mit dem Getreide durch die Form hindurch und tragen sich bis hinein in eine Art feinstoffliche Tiefenwirkung. Das günstig vergorene Brot kann diese Tiefenwirkung bis hinein in den Organismus bringen. Das Verdauungssystem reagiert in diesem Sinne auf das vorhergegangene Prinzip. Es bemerkt, dass eine hohe tragende sogenannte Elastizität oder Dynamik in diesen Substanzen lebt und es kann sich damit günstig gebärden. Im Sinne der Steigerung der Immunabwehr braucht der Mensch jene lebendige Elastizität und Dynamik, damit er gewissermaßen selbst erwacht und zu seinen eigenen Kräften gelangt. Das Immunsystem ist nicht nur Abwehrsystem, es ist eine Art Integrationssystem. Die günstige Abwehr erfolgt nicht indem nur ein Toxin eliminiert wird, es wird zunächst erst einmal erkannt, dann wird es zu einem kleinen gewissen Grad integriert und erst nach der Integration kann es restlos wieder ausgeschieden werden. Ein milchsäurevergorenes Brot kann deshalb einen sehr essentiellen Anstoß für das Immunsystem geben, denn es fördert die gesunde Begegnung der kommenden Nahrungssubstanzen mit den Lymphgefäßen und dem allgemeinen wässrigen Milieu im Intestinum. Je mehr der Mensch sich von guten Fermentbroten oder Sauerteigbroten ernährt, dies ganz besonders über längere Perioden des Lebens gesehen, desto mehr stabilisiert er naturgemäß eine grundsätzliche Kraft in seinem Immunsystem.

Backferment-Brot

Die lebendige Wirkung der Milchsäurebakterien, es gibt verschiedene Bakterien die tätig sind, der Lactobacillus bulgaricus beispielsweise oder der Lactobacillus acidophilus oder der Streptococcus acidophilus, wirken sowohl auf die erste Verdauungszone des Magens als auch schließlich im weiteren Verlauf auf das Intestinum. Im Magen werden die Pepsine zu einer höheren Aktivierung gebracht. Der Säuregehalt, der durch die Milchsäure entsteht, gibt dem Brot einen leicht säuerlichen und durchaus auch zusammenziehenden Geschmack.

Dieser stimuliert die aktiven Prozesse der Enzymbildung. Allgemein ist diese erste Verdauungszone des Magens von hochaktiven Kräften geprägt. Wenn die Substanz dann jedoch in der Verdauung weiter in den Dünndarm gleitet, sollte in diesem eine Art Zur-Ruhe-Kommen entstehen. Die Milchsäure, die im Brot lebt beziehungsweise die Prozesse im Brot zur Transformation angeregt hat, wirkt nun auf indirekte Weise weiter und stimuliert sowohl die aktive Magenverdauung als auch dann die vom Parasympathikus geleitete Verdauung im Sinne einer Aufbauarbeit der gesamten Stoffe. Die Salzsäure ist im Magen eine sehr scharfe Säure, die tötend auf Bakterien wirkt, die Milchsäurebakterien lässt sie jedoch im Weitesten passieren. Wer Joghurtprodukte oder milchsaure Produkte zu sich nimmt, oder auch das japanische Miso, der wird deshalb diese Bakterien bis in den Dünndarmbereich hinunter führen. Dort können diese Bakterien schließlich ein günstiges Milieu bewirken. Sie werden nicht durch die Salzsäure getötet. In diesem Sinne besitzen die Milchsäurebakterien eine Art hohe Ausrichtung für den gesamten Organismus. Auf der einen Seite wirken sie anregend auf die Enzymbildung, auf der anderen Seite führen sie im weiteren Verlauf eine Art Ruhe herbei, die zur Substanzerkraftung der gesamten Stoffaufnahme beitragen kann.

Das Verdauungssystem arbeitet immer nach zwei großen Grundprinzipien. Die Substanz muss abgebaut, vollkommen zerstört werden und schließlich muss sie im weiteren Verlauf, das geschieht dann mehr im Intestinum und schließlich in der Leber, zu einer neuen individuellen Substanz aufgebaut werden. Der Vorgang des Abbaus von Zuckern ist beispielsweise einfacher als der des Eiweißes. Das Eiweiß zeigt immer eine große individuelle Dominanz. Jedes Eiweiß ist verschiedenartig. Der Mensch in seiner Grundkonstitution besitzt sein eigenes individuelles Eiweiß. Indem jemand ein bestimmtes Pflanzen-, Milch- oder Getreideeiweiß zu sich nimmt, muss er es erst einmal durch sehr aktive Prozesse in eine Art Zerstörung führen. Es werden entsprechende Vorgänge eingeleitet, dies bereits im Magen, im weiteren Verlauf dann, wenn es in das Duodenum, in die Region des Pankreas gerät, durch das sogenannte Enzym Trypsin oder auch Chymotrypsin und schließlich dann durch die gesamte Enterokinase vollkommen abgebaut wird. Erst dann wenn es im Dünndarm angekommen ist, kann es nach weiteren letzten Abbauvorgängen wieder in einen Neuaufbau, in einen individuellen weiteren Eingliederungsweg mithilfe der Pfortadern und der Leber in das menschliche System gebracht werden. Die Eiweißverdauung mit ihren Aminosäureketten ist bis zum heutigen Tag als eine sehr komplizierte bekannt und sie kann dem Menschen nur wenig durch äußere Hilfe erleichtert werden. Jeder Mensch braucht genügend Eiweißsubstanz, er muss aber auch in der Fähigkeit stehen, ein fremdes Eiweiß abzubauen und in ein individuelles, für ihn angemessenes Eiweiß überzuführen.

Was kann die Milchsäure hierzu fördern? Zunächst existiert die Milchsäure ebenfalls im menschlichen Körper, ohne dass sie von außen unbedingt hinzugeführt werden müsste. Sie existiert beispielsweise in allen aktiven Muskelprozessen und sie entsteht auch in der Schlagfolge des Herzens. Es wird Milchsäure im Sinne von aktiven Leistungen freigesetzt, diese Milchsäure wird schließlich wieder in Laktate für das Blut übergeführt. Im Stoffwechselgeschehen der Kohlenhydrate und Zucker bestehen ständig wechselseitige Vorgänge, so dass Milchsäure einerseits in Glukose umgewandelt und Glukose wieder in Milchsäure zurückverwandelt wird. Ein lebendiges Gleiten ist im Organismus von Milchsäure und Zucker ständig vorhanden.

Jedoch ist noch einmal zu erwähnen, dass die Milchsäure nicht nur eine Bedeutung für den Kohlenhydratstoffwechsel, sondern auch für den Eiweißstoffwechsel besitzt. Die Art, wie der Kohlenhydratstoffwechsel durch die lebendige Milchsäure dynamisiert wird, so wird auch im weiteren Verlauf der Eiweißstoffwechsel in seiner doch komplizierten Weise für den Menschen erleichtert. Da die Kohlenhydrate durch die Milchsäure dynamisiert werden, stehen sie dem Organismus als elastisches dynamisiertes Prinzip leichter zur Verfügung. Es kann durch die Milchsäure eine Art Aktivierung in der Magenzone entstehen und gleichzeitig durch die Substanz, die verlebendigt ist, eine Ruhe im unteren Bereich der Verdauung entstehen. Ruhe ist im Darmmilieu schließlich von bedeutsamster Wichtigkeit. Fehlt diese Ruhe, so fehlt dem Menschen die sammelnde Kraft zur Eiweißbildung. Die Milchsäure wirkt auf der einen Seite aktivierend, auf der anderen Seite beruhigend. Die Eiweißverdauung kann sich besser sammeln und stabilisieren, wenn Milchsäure dem Körper zugeführt wird. Ganz besonders aber kann sich diese Ruhe im Sinne der Brotsubstanz entwickeln. Joghurt oder Sauermilchprodukte geben dem

Organismus eine regelrechte Verlebendigung. Sie sind nicht tote Substanzen, sie sind belebende, erfrischende Substanzen, die das ganze Verdauungssystem regelrecht erhellen. Das Brot, das keine aktiven Bakterien besitzt, schenkt jedoch dem ganzen Organismus eine Art Ruhe auf der einen Seite und auf der anderen Seite doch eine große Herausforderung. Indem durch das milchsauervergorene Brot beide Ströme harmonisch zusammenfinden, wohlgemerkt durch das gut gelungene milchsaure Brot, denn es gibt auch misslungene Brote, die diesen günstigen Effekt nicht bewirken können, entsteht auf der einen Seite eine sehr schöne wache Verlebendigung des Menschen und auf der anderen Seite eine regelrechte günstige Stabilisierung seines körperlichen Daseins. Ruhe und Aktivität, Stabilität und Elastizität können durch Milchsäure und ganz besonders durch das dynamische Brot dem Menschen zugeführt werden oder, besser gesagt, können sie durch das Brot unterstützt werden.

Betrachtet jemand das gut gelungene Fermentbrot, dann ist es in der Form und Gestaltung ein Ebenbild für das Ideal des Menschen. Hier in diesem Publikum sind fast alle mit der Landwirtschaft verbunden. Es wurde in den bisherigen Ausführungen von der Multivarietät im Sinne eines Anbaus gesprochen. Verschiedene dynamische Prozesse sollen das Feld beleben, nicht nur Monokultur oder Einseitigkeit sind das Ziel, sondern die Vielseitigkeit. Zusammenfassend kann vielleicht zu diesen Gedanken gesagt werden: Derjenige, der das Feld bearbeitet und einen Ernteertrag erringen möchte, arbeitet an der unmittelbaren Transformierung der Erde. Er möchte zum einen einzigartige Produkte schaffen, aber er möchte auch Vielseitigkeit erzeugen, vielseitige Ergebnisse erzielen. Vielseitigkeit und Einzigartigkeit schließen sich nicht gegenseitig aus, sondern können sich ergänzen. Monotonie oder materialistische Einseitigkeit, um des scheinbaren Ertrags willen, zerstören sogar die individuelle Natur des arbeitenden Menschen. Im Brot, das schließlich dann in der Backstube gedeiht, zeigt sich ebenfalls die Einzigartigkeit eines zu Ende gegangenen Prozesses, eines gut ausgereiften Milchsäureprozesses, der Tiefenwirkung und Einzigartigkeit oder Zentrumskraft anlegt und darüber hinaus äußern sich Ausstrahlungen, schöne, lichtvolle ja lebendige kristalline Ausstrahlungen, die weit über den äußeren Rand des Brotes hinausgehen. Der Äther ist weit auf der einen Seite in dem gut gelungenen Brot angelegt und auf der anderen

Seite berührt er ganz die Tiefe des Korns und erschlüsselt ein einzigartiges Nahrungsmittel.

Für die Gesundheit ist das fermentierte Brot empfehlenswert bei sehr vielen Krankheitsprozessen, insbesondere bei degenerativen Neigungen, wie Krebs, Schwäche im Immunsystem, Verkalkungen und Arthrosen. Mykosen reagieren sehr günstig und in der Folge können Allergien besser beeinflusst werden. Fehlt jemandem die Neigung zu Fieber sollte er unbedingt Milchsäureprodukte und fermentiertes Brot essen, denn Fieber ist für die Abwehrerkraftung sehr wichtig.

Abschließend kann deshalb von dem sehnsüchtigen Wunsch, den jeder Mensch im Leben trägt, gesprochen werden. Jeder möchte eine einzigartige Individualität im Leben werden, aber er möchte nicht in sich selbst zu verschlossen bleiben. Er möchte offen für die Welten, offen für den Kosmos sein. Er möchte einen Umkreis besitzen, er möchte Vielseitigkeit, multiple Erfahrung erleben, aber er möchte sich nicht darin verlieren, er möchte einen Kern in sich besitzen. Diesen Kern kann er entweder durch Schulung entwickeln, er kann ihn fördern durch Nahrung, durch rechte Brotbereitung oder auch durch Anbauprinzipien. Er kann diesen Kern in sich ausgestalten und es kann im Kern ein Zentrum in ihm werden, das ihn nicht begrenzt, sondern das ihn für alle nächst höheren und weiteren Ebenen öffnet. Zentrum und Umkreis gehören im Sinne des ätherisch gut gelungenen Brotes zusammen und sie gehören ebenfalls im Bilde des Menschen, im Idealbild des Menschen unbedingt zum Ausdruck gebracht. Wenn man von Liebe spricht, dann darf man durchaus sagen, dass Liebe nicht nur eine einseitige Angelegenheit des Lebens darstellen kann. Sie möchte auf der einen Seite Offenheit und Ausdehnung demonstrieren und auf der anderen Seite Sammlung und Grundlage im eigenen Individuum erfahren.

Bei den Ausführungen von Nicola, dem Brotbäcker aus Frankreich, war eine Zeichnung von Rudolf Steiner mit planetarischem Hintergrund zu sehen. Wenn man die Milchsäure von einem Planeten bezeichnen möchte, dann müsste man ihr den Mars zuordnen. Mit Hilfe der Milchsäure gelangt der Mars in das Intestinum hinein oder, man kann sagen, der Mars wird nun hinunter in die Regionen des Merkurs geführt und sogar durchaus auch in die Regionen des Mondes, in das wässrige Niveau. Dort in diesem wässrigen Niveau, dort wo sich die verschiedensten weiteren Abbauvorgänge und auch schließlich die Resorptionsprozesse und die Aufbaugestaltungen bereits vollziehen, kann der Mars für eine günstige lichte Dynamik sorgen. Mit den Milchsäurebakterien und ganz besonders aber mit dem Prozess der Fermentierung im Brot gelangt der Mars ein Stück in das Innere des Menschen hinein.

Das Zeichen des Mars kann wie ein mehrzackiger Stern betrachtet werden. Seine Strahlen nach außen besitzen eine große ausstrahlende Bewegung. Die Strahlen selbst kommunizieren zwischen dem Innen- und dem Außenraum. Das Licht ist jenes Medium, das in der Weltenschöpfung besteht und feinste Wesen auf unsichtbare Weise beherbergt, die sich im schöpferischen Aufbau von den verschiedensten Prozessen, wie beispielsweise jenen von den Pflanzen, befinden.

Anfang der Endgare

Ende der Endgare:
Der Teig wird durch die Milchsäuregärung in eine leichte, luftige und gelockerte Form verwandelt.

Monika Lepold

Die Wirkung der Milchsäure auf den Menschen

Die Milchsäuregärung und ihre Lichtbeziehung im Brot

Durch die Milchsäuregärung im Sauerteig und Backferment wird das Getreide durch lange Vorteigführungen für die menschliche Verdauung gut aufgeschlossen und gut bekömmlich. Backhefe muss der Fermentation mit Backferment zur Brotbereitung nicht zugesetzt werden, wobei natürliche Nektarhefen, die aus dem geringen Honigzusatz stammen, mitwirken.

Bei der Milchsäuregärung werden durch getreideeigene Enzymtätigkeit die Kohlenhydrate in kleine Zuckerbausteine, Glukose, gespalten und durch die Milchsäurebakterien in Milchsäure und Aromastoffe umgewandelt. In der langen Gärzeit findet dabei ein vielfältiges Zusammenspiel zwischen der Enzymtätigkeit, der Stoffwechseltätigkeit der Milchsäurebakterien zu Milchsäure und durch die heterofermentativen Milchsäurebakterien auch zusätzlich zu Kohlensäure, in Abhängigkeit von Temperatur und Zeit, statt. Dieser veredelnde Prozess hat den Anschein einer neuen ordnenden Kraft, die sich während dieser Zeit entwickelt. Durch die entstehende Säure wird das Getreideeiweiß gefestigt, das auch das strukturbildende und gashaltende Gerüst im Brot nach dem Backen bildet.

Dieser Reife- und Verwandlungsprozess hat den Getreidebrei in eine luftige, gelockerte, und leichte Form geführt. Ein Quellen, Schwellen zu einer neuen Form, die innen und außen unterscheidet, findet dabei statt – der Brotteig geht auf. So kann diese Verwandlung über die physikalische und biochemische Seite hinaus, im Weiteren in Bezug zum Luftelement, in dem sich die Lichtqualität einwebt, beobachtet werden. Bei dem ausgebackenen Brot sieht man die feinen Luftlöcher in der Krume. Diese neu gestaltete, gelockerte Form wirkt so, als wäre das Getreide von einem Atemprozess durchzogen. Es scheint als wäre die im Getreidekorn manifestierte Lichtkraft durch die Fotosynthese, dem enthaltenen Kiesel, der das Getreide für das Licht öffnet und verbindet, dem reichlichen Gehalt an Phosphor, dem die Bedeutung als Lichtträger zugeordnet wird, und dem enthaltenen Mineral Magnesium, das als Metall des Lichtes bekannt ist, nun in einer angehobenen, veredelten Form dem Menschen in der Ernährung leichter zugänglich. In diesem Zusammenhang kann der von Heinz Grill erforschte Gedanke zum Milchsäuregärungsvorgang im Brotbereitungsprozess in eine verbindende Vorstellung rücken, wenn er diesen als „lichtfördernden Raumveredler“ und als einen „lichten Formgestalter“ des Brotes beschreibt und im Weiteren die Wirkung auf das Immunsystem.

Der Dinkelvollkornvorteig vor und nach der Gare. Er wird durch die Fermentation und die Stoffwechselvorgänge von dem luftigen-lichten Element verwandelt.

Das menschliche Immunsystem arbeitet bei genauer Betrachtung nicht nur als ein Abwehrsystem, sondern wie ein integratives System. Es bringt diejenigen Stoffe zur Ausscheidung, die ausgeschieden werden müssen, und integriert auf der anderen Seite die Substanzen, die zum gesamten Aufbau notwendig sind. Damit jedoch die Ausscheidung auf richtige Weise funktionieren kann, muss sich der Organismus zuerst einmal mit den verschiedenen Stoffen bekannt machen, sich mit ihnen zu einem gewissen Grad verbinden, um sie schließlich an den Ort der Integration oder an den Ort der Ausscheidung zu führen. So wie eine menschliche Zusammenarbeit nur dann effektiv sein kann, wenn die einzelnen Personen miteinander verbunden sind, so kann auch das Immunsystem als Integrationssystem nur sinnvoll arbeiten, wenn es in sich die Fähigkeit zur Adaption und Verbindung ausgeprägt hat. Die Milchsäure beispielsweise wirkt auf besondere Weise im Brot transformierend und verbindend. Sie erschafft aus dem Mehlprodukt über den weiteren Backvorgang ein Produkt, das eine integre, aus sich selbst verbundene Einheit darstellt. Das Immunsystem benötigt am allerdringlichsten diese Einheit des Brotes im Sinne einer integren Ganzheit.[2]

Worin liegt die gesundheitliche Wirkung der Milchsäure im Darm?

Sie wird zum einen durch die Nahrung aufgenommen und kann im Darm gebildet werden. Weiterhin bildet sich diese schwache organische Säure im Stoffwechsel von Mensch, Tier und Pflanze durch Mikroorganismen, als ein Zwischen- oder Endprodukt und dient der Energiegewinnung. Der Herzmuskel deckt seinen Energiebedarf zu 90% aus dem Milchsäurestoffwechsel.

Eine besondere Wirkung der in Lebensmitteln gebildeten Milchsäure liegt darin, dass sie, anders als die Gärprodukte Essig und Alkohol, leicht in den menschlichen Stoffwechsel eingebaut werden kann und dort nicht säurebildend wirkt. Man unterscheidet hierbei die rechtsdrehende L(+)-Milchsäure und die linksdrehende D(-)-Milchsäure.

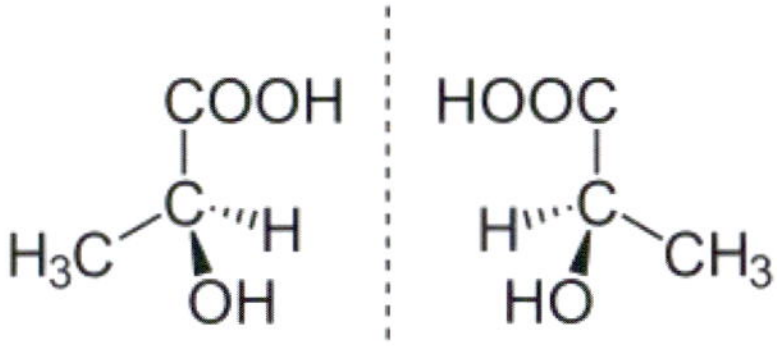

Links: rechtsdrehende Milchsäure – rechts: linksdrehende Milchsäure

Da in unserem Körper die rechtsdrehende Milchsäure vorherrscht und die linksdrehende im Vergleich langsam verstoffwechselt wird, gelten Produkte mit einem hohen Gehalt an L(+)-Milchsäure als gesundheitlich wertvoller.

---

2) Heinz Grill, *Ernährung und die gebende Kraft des Menschen*

Weiterhin werden durch die saure Darmreaktion der Milchsäure, unerwünschte Fäulnisbakterien in ihrem Wachstum gehemmt, sie verhindert das Anhaften und Vermehren unerwünschter Mikroorganismen an die Darmwand und stabilisiert so die Darmflora. Die gesundheitsfördernde Wirkungsweise ergibt sich aus einer gesunden Darmflora, die eine gute Nährstoffresorption und in Folge eine gute Versorgung mit Nähr- und Aufbaustoffen ermöglicht. Dabei übernimmt die Milchsäure eine zentrale Funktion bei der Regulierung der Abbau- und Aufbauprozesse im Organismus. Durch ein gesundes Darmmilieu wird die Darmperistaltik auf natürliche Weise angeregt.

Die Wirkung der Milchsäure auf das Immunsystem

Das Immunsystem kann durch die Stoffwechselprodukte von Fäulnisbakterien geschwächt sein. Es kann dadurch nicht mehr seiner Aufgabe nachgehen und den Körper vor dem Eindringen von Fremdkörpern schützen. Eine erste unterstützende Wirkung der Milchsäure auf das Immunsystem liegt wie zuvor beschrieben in der Wachstumshemmung der Fäulnisbakterien.

Der Körper verfügt über zwei Abwehrsysteme, mit denen er sich vor Krankheitserregern schützt. Die unspezifischen Abwehrzellen bekämpfen zum einen jeden Fremdkörper, z. B. indem sie diesen fressen oder auflösen.

Im Unterschied dazu haben die spezifischen Immunzellen ein Gedächtnis, das bei jedem Erstinfekt weiter ausgeprägt wird: Dringt ein Erreger zum ersten Mal in unseren Körper ein, müssen ihn die spezifischen Immunzellen erst kennenlernen: Auf der Oberfläche der Erreger befinden sich so genannte Antigene, die dafür sorgen, dass unser Immunsystem Abwehrstoffe, die Antikörper, auch Immunglobuline genannt, bildet. Diese sind genau auf das Antigen ausgerichtet, wie der Schlüssel aufs Schloss. Es kommt zur Antigen-Antikörper-Reaktion, wobei die Antikörper den Erreger unschädlich machen. Das Immunglobulin A (Ig A) ist ein Antikörper, der auf die Abwehrvorgänge an Schleimhautoberflächen, wie der Darmschleimhaut, spezialisiert ist. Die Milchsäure regt die Produktion von Ig A an und wirkt somit unterstützend auf das Immunsystem.

Milchsäure und ihre präventive Wirkung auf die Krebserkrankung

„Die Aktivierung des Immunsystems spielt u.a. auch eine Rolle bei der antikanzerogenen Wirkung der Milchsäurebakterien, da durch die Stimulation des Immunsystems auch die Tumorabwehr gestärkt wird" [3]

Durch die Aktivierung des Immunsystems hat die Milchsäure demnach eine antikanzerogene Wirkung, da durch sie auch die Tumorabwehr gestärkt wird. Es liegen Untersuchungsergebnisse vor, die beweisen, dass verschiedene Enzyme die Prokarzinome aktivieren und dadurch mit Kolonkrebs in Zusammenhang gebracht werden und durch Milchsäurebakterien in ihrer Aktivität gehemmt werden.

Weiterhin wird ein Zusammenhang zwischen Abwehrschwäche und Krebsentstehung beschrieben. Bei Patienten, bei denen durch Medikamente das Immunsystem in seinen Funktionen unterdrückt werden muss, z.B. nach Transplantationen, um Abstoßungsvorgänge zu verhindern, steigt das Risiko eine Krebserkrankung zu entwickeln.

Die Milchsäure kann von der Darmflora direkt zu Buttersäure verstoffwechselt werden und stellt somit mengenmäßig den sehr bedeutsamen Ausgangsstoff für die Butyratsynthese dar. Butyrat wirkt antientzündlich und bietet einen körpereigenen Schutz vor Entartung der Zellen und damit der Entstehung von Krebs. Bereits Nobelpreisträger Dr. Otto Warburg vermutete, dass Buttersäure (Butyrat) die Resozialisierung von Krebszellen zu „normalen" Zellen fördern kann. Diese Hypothese ist inzwischen auf molekularbiologischer Ebene bestätigt worden. Butyrat reaktiviert den Tumorsupressor (Proteine die den Zellzyklus kontrollieren) und hat somit einen direkten Einfluss auf die Entstehung von Krebs und kann als natürliche Chemoprophylaxe verstanden werden.

Milchsäure vermindert im Weiteren die Bildung von kanzerogenen Nitrosaminen, da sie im Magen-Darm-Trakt das Nitrat binden und damit inaktivieren kann und kann somit als krebsvorbeugend gesehen werden.

---

3) Claus Leitzmann, *Ernährung in Prävention und Therapie*, S. 91

Literaturempfehlungen

Heinz Grill

Ernährung und die gebende Kraft des Menschen

Die geistige Bedeutung der Nahrungsmittel

Mit vielen Bildern, anschaulichen Beschreibungen und praktischen Übungen führt der Autor den Leser an die verborgenen kosmischen-geistigen Bildekräfte, die beispielsweise in Form von Licht- und Wärmekräften in den Nahrungsmitteln enthalten sind, heran und zeigt, wie der Mensch selbst an ihnen aufbauend mitwirken kann.

200 Seiten, mit vielen Fotos und Zeichnungen, broschiert,
Format 200 x 267 mm
ISBN 978-3-9815855-0-6
€ 22,–

Heinz Grill

Licht- und Wärmekräfte in Mensch und Natur

Grundlagen zum Geistigen Schauen und zum Aufbau der Ätherkräfte

Der Autor beschreibt in seinem Vortrag, gehalten 2014 auf dem Andreashof in Überlingen, die Bilde- und Lebenskräfte in der Natur. Er zeigt dabei auf, wie der Mensch selbst Licht und Wärme und damit Heilkräfte für seine Umgebung freisetzen kann. Der Vortrag enthält auch Beschreibungen zu der Bedeutung der Lichtwurzel, die auf dem Andreashof in besonderer Weise kultiviert wird.

36 Seiten, 2 Fotos und 6 Zeichnungen
Softcover, Format 148 x 210 mm
ISBN 978-3-9815855-7-5
€ 5,–

Heinz Grill

Die vier Äther im Brot

Das übersinnliche Erfassen der vier Äther im Brot

Ein Vortrag, gehalten 2005 in Piemont. Mit praktischen Übungen zur Erkenntnisbildung und zur geistigen Schau der vier Äther im Brot. Betrachtungen zu den verschiedenen Backtriebmitteln: Hefe, Backferment, Sauerteig und Honig-Salz als Backtriebmittel.

42 Seiten, 2 Farbbilder
Broschüre, Format 145 x 205 mm
ISBN 978-3-941995-86-4
€ 8,–

Heinz Grill

Das Wesensgeheimnis der Seele

Die Organe des Menschen, ihr seelischer Zusammenhang und die Möglichkeiten eines spirituell orientierten Bewusstseinsaufbaues – Vier große Entwicklungsprozesse

Das im Herbst 2014 neu verlegte Buch dürfte das Hauptwerk von Heinz Grill darstellen. Anhand der vier Organe Herz, Niere, Leber und Lunge beschreibt der Autor vier große Aufbau- und Entwicklungsprozesse im sozialen und pädagogischen Umgang und gibt damit wertvolle Anregungen für Therapeuten, Pädagogen und alle, die künstlerische und soziale Prozesse gestalten wollen. Neben den Aufbauprozessen der Seele finden sich in dem Buch Erklärungen und praktische Therapieansätze zu den verschiedenen psychischen Erkrankungen.

461 Seiten, zahlreiche Abbildungen
Hardcover, Format 170 x 250 mm
ISBN 978-3-9815855-5-1
€ 29,80

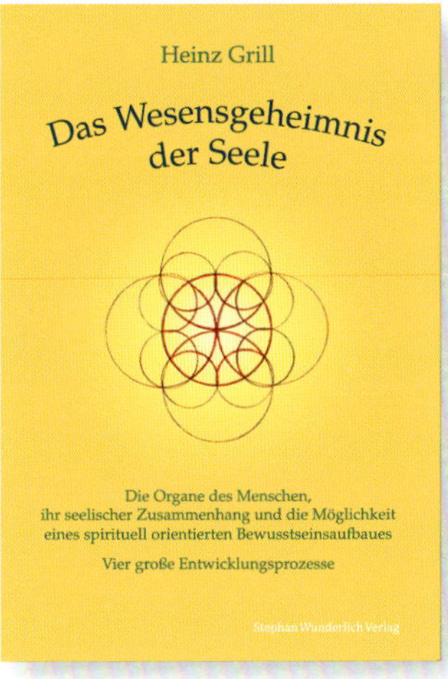

www.stw-verlag.com